Überreicht mit den besten Wünschen
zum Jahreswechsel 1991/92

Carlo Fruttero & Franco Lucentini

Ein Hoch auf die Dummheit

Porträts, Pamphlete, Parodien

Aus dem Italienischen von Pieke Biermann

Piper
München Zürich

Die Texte sind dem im März 1992 im Piper Verlag erscheinenden Band »Ein Hoch auf die Dummheit. Porträts, Pamphlete, Parodien« von Fruttero & Lucentini entnommen. Dieser Band wurde eigens für das deutsche Lesepublikum von Ute Stempel zusammengestellt; ihm liegen die beiden 1988 bei Mondadori in Mailand erschienenen Essaysammlungen »La prevalenza del cretino« und »La manutenzione del sorriso« zugrunde.

Zum Geleit

Das berühmte Turiner Autorenduo diesmal auf etwas ungewohnte Weise: kein raffiniert-hintersinniger Kriminalroman, keine literarisch kunstvolle Gesellschaftssatire – das heißt ... doch! Nur sind die »handelnden Personen« hier der Wirklichkeit entnommen. Denn der Band, der im März 1992 im Piper Verlag erscheinen wird und von dem wir den Freunden unseres Hauses zum Jahreswechsel eine Kostprobe anbieten möchten, ist eine Sammlung von Feuilletons zu aktuellen Themen jeglicher Art, die die »Firma« Fruttero & Lucentini in den vergangenen fünfzehn Jahren regelmäßig für die italienische Tageszeitung *La Stampa* verfaßt hat und von denen die treffendsten und amüsantesten nun für das deutsche Lesepublikum ausgewählt wurden.

Ist auf der römischen Piazza di Spagna ein amerikanisches Fast-food-Restaurant zulässig? Ja, weil auch die Pizza nicht mehr authentisch ist: das Mehl stammt aus Kanada, die Oliven aus Griechenland, die Sardellen aus Japan, der Mozzarella wird aus französischer oder dänischer Milch gewonnen und der Rotwein aus der methanolverarbeitenden Industrie. Sollen Adam und Eva auf dem berühmten Masaccio-Fresko der florentinischen Brancacci-Kapelle nun endgültig ihr Feigenblatt-Gewand fallen lassen? Sollen die Rucksack-Touristen endgültig aus Venedig vertrieben werden? Und warum ist Turin die einzige Stadt Italiens, in der man als Schriftsteller leben kann?

Aus diesen witzigen Aperçus und scharfen, aber deswegen

nicht weniger humorvollen Beobachtungen ist ein facettenreiches Porträt des heutigen Italien entstanden, eines Italien, das in einiger Hinsicht auch stellvertretend für andere westliche Überflußgesellschaften stehen kann... Ob es nun um den bedrohlich dahinschwindenden Bildungshunger der holden Jugend geht oder um geschwätzige TV-Quizmaster und das Denver-Clan-Ritual, ob um den genau berechneten Druck auf die Tränendrüse bei den üblicherweise katastrophalen Weltnachrichten – die man natürlich mit Vorliebe vom heimischen Wohnzimmersessel aus beobachtet – oder um die spärlichen Reisemöglichkeiten, die dem heutigen Elitetouristen noch verbleiben – kein Phänomen unserer Zeit wird verschont vor den mal bissigen, mal liebevollen und immer komischen Kommentaren. Eine kleine Ausnahme bilden in diesem Band die literarischen Essays und Autorenporträts, die den großen Kenntnisreichtum von Fruttero & Lucentini, vor allem aber ihre Liebe zur Literatur erneut unter Beweis stellen. Auf sehr persönliche Art präsentieren die beiden Autoren Kollegen wie Samuel Beckett, Ingeborg Bachmann, Paul Valéry oder Jorge Luis Borges.

Ein neues Gesicht also, das wir von Fruttero & Lucentini zu sehen bekommen – und doch eines, in dem wir alle jene Züge wiedererkennen, die uns die beiden so lesens- und liebenswert machen.

Klaus Piper
Ernst Reinhard Piper

Pflichtwohnsitz

In der Liste der Fragen, die uns am häufigsten gestellt werden, taucht gleich nach der, die an der Spitze steht (»Wie machen Sie das eigentlich, zu zweit zu schreiben?«), die andere auf, und zwar stets in Begleitung einer zwischen Bewunderung und Mitleid angesiedelten leisen Grimasse: »Wie machen Sie das eigentlich, in Turin zu leben?« Als wären wir zwei in irgendeinem mörderischen Sahara-Vorposten einquartierte Legionäre oder in irgendeine öde Suez-Botschaft strafversetzte Diplomaten.

Wir könnten solche Fragen übelnehmen und für taktlos und beleidigend halten. Wir könnten erwidern, daß wir unsererseits nicht begreifen, wie andere Schriftsteller es machen, in anderen italienischen Städten zu leben. Wir nehmen es aber nicht übel und sind auch nicht beleidigt. Denn wir wissen ja sehr gut, daß sich das Problem für unsere über die ganze Halbinsel verstreut lebenden Kollegen nicht stellt; es ist uns nur zu klar, und jedem anderen auch, wieso und warum sich ein Schriftsteller in jenem unerhörten Juwel namens Venedig oder im ewig aufgeregten Rom oder in Mailand, dem Tor Europas, oder in der Kulturmetropole Florenz glücklich niederläßt. Selbst Triest, Parma, Bologna, Neapel und Palermo haben unmittelbar einsichtige und indiskutable Begründungen zu bieten, und sogar das ligurische Städtchen oder das Dörfchen in Kalabrien, der Lombardei, dem Veneto werden sofort akzeptiert als »normaler« Wohnsitz für jemanden aus unserer Branche.

Ausgerechnet in Turin auf die Piste zu gehen dagegen, wenn man das Glück hat, in ein Land hineingeboren zu sein, in dem sich die Verlockungen und Versprechungen der Großen Kunst stärker ballen als in irgendeinem anderen Teil der Welt, das erscheint tatsächlich merkwürdig, um nicht zu sagen pervers.

Ein Schriftsteller, ein Künstler im allgemeinen – so versichert ein altes Klischee – könne nur gewinnen, wenn er seine schöne Seele einer Stadt aussetzt, die ihn mit herrlich anmutigen und vielgestaltigen Mauern und Monumenten zu bezaubern weiß; von Meisterwerken umgeben, gerate er unter ihren Einfluß und werde schon beim bloßen Zigarettenholen von ihr inspiriert. Ein zweites Klischee hebt hervor, von welch befruchtender Bedeutung Kontakte mit seinesgleichen seien. Ach ja, der anregend kreisende Klatsch (»Und dann sagt er, daß der ihm gesagt hat, sie hätten dir gesagt ...«)! All die belebenden Buchpräsentationen, Ausstellungen, Werkschauen, Podiumsdiskussionen, Vorpremieren! Die Zugehörigkeit versichernden Umarmungen von Kollegen, die Projekte, Kränkungen, Preisverleihungen, Intrigen, die Begegnungen mit dem durchreisenden internationalen Genius! Ein drittes Klischee verordnet einem Schriftsteller ein Ambiente geeigneter sozialer Kontakte. Zwischen Elektronikmagnaten und Hochfinanziers, die ihn schon mal fragen, was er denn Schönes mache, zwischen Ministern und Regisseuren, die sich bei ihm einhaken, Schauspielerinnen, die sich zutraulich auf seinen Schoß setzen, Fußballspielern, Gewerkschaftsfunktionären und Sängern (Rock oder Oper), die ihn duzen, nämlich fühle sich ein Schriftsteller als unverzichtbarer Teil eines höchst lebendigen Ganzen. Und derart beachtet, gehört, verehrt, gratifiziert und integriert gebe er dann sein Bestes zur Freude von Zeitgenossen wie Nachwelt.

In Turin existiert keine dieser Idealbedingungen. Zwar ist die Stadt wunderschön, aber nicht in dem Sinn, in dem man das zum Beispiel von Lucca, Siena, Bergamo oder Mantua behauptet; die wenigen Literaten, die hier arbeiten, begegnen sich selten und dann eher zufällig unter den Kolonnaden und verabschieden sich auch schleunigst wieder mit ebenso warmen wie falschen Versprechungen, einander anzurufen (»Wir sollten uns zusammensetzen, wir müssen unbedingt mal einen Abend lang reden!«); und was die sozialen Kontakte anbelangt – es gibt in Turin keine alles vereinende und hätschelnde mondäne Gesellschaft, und das bißchen vorhandene Kultur steht allein mit dem Glas in der Hand herum und beobachtet Industrie, Politik, Aristokratie und Justiz, wie sie exakt dasselbe tun, ein jedes in seinem Eckchen.

Eine »schwierige« Stadt, zweifellos. Schwieriger – trotz der gegebenen gleichen Unzulänglichkeiten und Dummheiten in Landes-, Regional- und Stadtverwaltungen – als jede andere Stadt Italiens. Nun lehrt das Leben aber, daß man immer Möglichkeiten findet, etwas als wirklich unerträglich Empfundenes (Ehegatten, Arbeitsplatz, die Stadt selbst oder was auch immer) zu verlassen. Insofern müssen wir wohl den Schluß ziehen, daß uns Turin, so wie es ist, gut paßt.

Wir geben es zu: Über den albernen Flughafen, das deklassierte Opernhaus und die seit Jahren geschlossene Galerie für Moderne Kunst können wir uns kaum empören; die funkelnagelneuen Bahnhöfe der *Metropolitana Leggera* (so lautet der phantasievolle Name, den man sich für die Straßenbahn ausgedacht hat) dagegen mit ihren ambitioniert ins Nichts gehängten Schildern »Ausgang« und »Eingang« amüsieren uns doch sehr. Dank solcher Widersprüchlichkeiten und Absurditäten ist die savoyische Hauptstadt nicht nur weniger ausgestorben und monoton, als sie wirkt, sondern auf geheimnisvolle Weise im Einklang mit dem Wahn der Zeit. Das Stadion, in dem Italiens berühmteste Fußballmannschaft spielt, bröckelt vor sich hin, ist unbequem und buchstäblich jedem Unwetter weit aufgeschlossen; die elegante homogene

Architektur des Stadtzentrums wird von der verschrobenen Imposanz der Mole Antonelliana durchkreuzt; auf der ganzen Welt erlaubt sich kein Autokonzern oder sonst eine Firma derart grauenhafte Bürogebäude wie FIAT auf dem Corso Marconi; baumbestandene breite Verkehrsadern werden zu Parkplätzen umfunktioniert; der Kult um das Schweißtuch der Veronika koexistiert mit jeder Menge Schwarzer Messen und Teufelsriten, die von pensionierten grauen Büroboten praktiziert werden; ein beklagenswertes Gefühl von Ausgegrenztheit und Abstieg koexistiert mit leicht verdecktem Technologie-, Stil- und Rassendünkel; jede Initiative wird augenblicklich gedämpft durch Skepsis, jeder Erfolg ironisiert, jede Leidenschaft gebremst durch eine unsichtbare Hand, die einen am Revers packt. Halbkalt, halbprovinziell, halbmodern und halbitalienisch ist Turin auf die ihm eigene, unerklärliche Weise eine essentielle Stadt, in der nichts passiert, aber alles anfängt, zutage tritt, durchsickert, in aller Stille geboren wird.

Also – antworten wir – wie macht man es eigentlich, *nicht* in Turin zu leben. Für Schriftsteller ein Pflichtwohnsitz.

Der Anti-Neckermann

Eliteferien? Ja, für welche Elite denn, gnädige Frau? Das Wort selbst ist ja schon unheilbar plebejisch, es hat im Lauf seiner Verbreitung sogar das sonst bei Fremdwörtern obligatorisch Kursive eingebüßt. Die ganze Sippe – Wörter wie *de luxe,* vom Feinsten, das Besondere – tummelt sich in Werbung aller Art, im hinterletzten Parteiortsverein, in den Fluren der Rundfunk- und Fernsehanstalten, in Leitartikeln der »Unità« und dem, was Verkehrsdezernenten so einfällt. O ja, sogar in Wochenblättern, die darüber berichten.

Man muß der Wahrheit fest ins Auge sehen, gnädige Frau: Wahre Eliteferien sind das Unaussprechliche, das Unerkennbare, das Unbeschreibliche – wie Zen (oder Gott). Vor allem aber sind sie das Unplanbare. Wie ein metaphysischer Aal entgleiten sie beständig dem Zugriff derer, die außen vor bleiben: Halten Sie gerade Ausschau nach einem Landsitz im Veneto, finden die Eliteferien längst auf einer Ranch in Afrika statt; jagen Sie bis in die Anden hinter ihnen her, sind sie schon wieder zurück in den Apenninen. Geheimnisvolle Mechanismen, Triebkräfte, von denen Verhaltensforscher keine Ahnung haben, bewirken jähe Umschwünge: »Alle« fahren dieses Jahr plötzlich zur Kneipp-Kur, zur Opernsaison nach Verona, nach Finnland; »alle« meiden Schottland, Nordamerika, die Yachtpartie.

Wer sind diese »alle«? Gibt es die überhaupt noch, haben sie immer noch die Macht, aus einer *caprice* ein *comme il faut,* aus einer Extravaganz eine Pflichtübung zu machen?

Sehen Sie sich ruhig um, gnädige Frau. Vilfredo Paretos Grab ist wohlfahrtsstaatlichen Flechten und Brennesseln anheimgefallen, seine berühmte soziale Pyramide liegt verschüttet unter dem siegreichen Sand von Massenkonsum und Antibiotika. Selektion, Zirkulation, Austausch finden nicht mehr statt. Alle im Okzident werden viele, viele Jahre alt und haben viel, viel Zeit, viel, viel Geld und viele, viele Gelegenheiten, es auszugeben. Das war so nicht vorgesehen. Und erst recht nicht vorgesehen war, daß der behaarte Neandertaler, sobald er seine primären Bedürfnisse befriedigt hatte, vor dem existentiellen Problem stehen würde, wie er seine Ferien verbringen soll.

Sehen Sie ihn sich einmal genau an, gnädige Frau, den ruhelosen Höhlenbewohner in seiner Behausung. Stolz wacht er über seine mit vom Gesundheitsministerium beschafften makrobiotischen Vorräten und Kräutern vollgestopften Stollen, über die Fächer, in denen er seine Arbeitsgeräte aufgereiht hat – die Knüppel und Pfeile und Messer aus Kieselstein, die regelmäßig bei der Polizei angezeigt werden; bewundern Sie die signierten Graffiti an den Wänden, die Bärenfelle aus Pariser Haute Couture, die Art-Déco-Lampenschädel mit dem sanft glimmenden Licht, das lodernde Kaminfeuer, über dem er irischen Lachs räuchert. O ja, es läuft gut für ihn, er kann sich endlich eine Ruhepause gestatten, sich ein paar Wochen Erholung gönnen.

Aber schon schrumpft seine ohnehin ein wenig flach geratene Stirn vor lauter Ratlosigkeit noch mehr zusammen: Was soll er denn tun, wohin soll er bloß fahren?

Eine Reise im Rudel kommt nicht in Frage, auf gar keinen Fall. Herdenmenschen grunzen unerträglich, schlingen ekelhaft gierig, hinterlassen überall den letzten Dreck, reißen Bäume aus, massakrieren Vögel und Kleingetier und essen sie dann nicht einmal, außerdem schnarchen sie nächtelang, und tagsüber diese Daueremissionen aus spitzem Gekreisch,

Begeisterungsschreien, Liebesächzen und spieltriebgesteuerten Trompetenlauten.

Er braucht also einen der Horde unzugänglichen Ort, das steinige Inselchen da, den schroffen kahlen Berg dort. Und dann?

Das ist die Wegscheide, gnädige Frau, hier wird das Schicksal einer Gattung entschieden. Zum allerersten Mal schleicht sich in das Gemüt des primitiven Menschen ein sehr komplexes und sehr widersprüchliches Gefühl ein, das ihn verwirrt und peinigt.

Sein gesunder Urmenschen-Verstand sagt ihm, er solle sich lieber mitten in der Nacht und ohne irgend jemandem etwas zu erzählen auf den Weg zu seinem einsamen Ziel machen. Aber etwas, irgendeine seltsame Marotte, hält ihn davon ab, die Lichtung am hellichten Tag zu verlassen, wenn alle da sind und Wildschweine häuten oder Steine wetzen. Wo willst du denn hin? Fährst du nicht mit uns in Urlaub, da unten zu den Pfahlbauten? Nee, Jungs, ich hab' da oben im Norden eine Grotte entdeckt, die ist einfach umwerfend. Beeren, das glaubt ihr nicht, ein Bach, da fließt echt San Pellegrino drin. Macht's gut. Und dann läßt er sie stehen, mit offenen Mündern.

Noch besser wäre es, einfach zu verschwinden und einen Monat später mit einem feinen Lächeln wieder aufzutauchen. Während ihr Hünen euch mal wieder auf euerm Allerweltskap im Sand gewälzt habt, hab' ich mir die ganze Schlucht hinterm Vulkan angeguckt. Nein – im Ernst? Du warst hinter dem Vulkan? Erzähl mal, erzähl doch mal!

An dieser Stelle packt ihn ein Schreck, den er nicht einmal bei seinen Begegnungen mit Säbelzahnsauriern und Urtigern verspürt hat: Was macht er denn, wenn jetzt irgendein herablassendes kleines Grunzen ertönt und ihm erwidert, och, da war ich schon vor zwei Jahren, ist nichts Besonderes?

So geht das, gnädige Frau: Der Höhlensnob ist geboren,

der Neandertaler zum Aussterben verdammt. Wer wahre Eliteferien machen möchte, muß den ganz anderen Weg einschlagen, muß sich ins Innerste vorwagen, und zwar mit Cro-Magnon-Schritten.

Was für ein Innerstes, fragen Sie. Irgendeins, jedes. Hauptsache, man meidet Küste, Strand und Meer, kämpft den eitlen Drang nach Sonnenbräune nieder und läßt gar nicht erst die tödlichen Versuchungen aufkommen, die man aus dem Fernsehen kennt, etwa selig den Strand entlangzuschlendern, in Dünen Drinks zu schlürfen oder die Haare im Südwestwind wehen zu lassen.

Schwer? Aber gewiß. Nur, ohne Opfer kein Luxusleben.

Ein Kompromiß (ein erster kleiner Schritt) wäre ein Haus auf dem Land, mit fünf, sechs Freunden in ähnlichen Landhäusern nicht weiter als dreißig Kilometer entfernt. Einer darf den Swimmingpool haben. Ein anderer den Tennisplatz. Aber ansonsten: Puzzles mit dreitausend Teilen, Stickereien, lange Briefe an in Chicago verheiratete Schulfreundinnen und gemeinsame Vorleseabende – Tagebücher, Memoiren, Briefwechsel, vorzugsweise aus Familienbesitz und aus irgendeiner antiken Truhe hervorgekramt. Kino im nächsten Dorf, wenn überhaupt.

Wie langweilig, sagen Sie? Aber niemand gehört zur Elite, der es nicht versteht, sich unter allen Umständen selbst genug zu sein und dem Blei des Lebens das Gold des eigenen Stils entgegenzusetzen. Graf Talleyrand war nach Augenzeugenberichten nie so bezaubernd und geistreich wie während seines Lebens als notleidender Exilant in England. Valéry Larbaud, der den großen Weltreisenden kreiert hat und ständig auf Achse zwischen *sleepings* und Luxushotels war, hat sich einmal eine Seite der Champs-Élysées als Urlaubsort gewählt und herbe Zeiten mit wenigen Freunden dort verbracht, ohne je den Bürgersteig gegenüber zu betreten.

So etwas ist nicht mehr machbar? Die Champs-Élysées

(und alle anderen ähnlichen Straßen in den Metropolen der Welt) sind nur noch wie das Bett eines trüben Flusses aus Motoren, Touristen und Terroristen? Nun, es gibt andere Städte, stille und sehr feine. Zwei Wochen Nevers, Auxerre, Basel, York, Lübeck, Salamanca. Nur die lokale Presse lesen. Sich vorstellen, man sei ein einheimischer Notar, eine ortsansässige Mathematiklehrerin und lehne weite Reisen ab, um die pflegebedürftige Mutter nicht im Stich zu lassen. In die Rolle solcher Menschen schlüpfen (die ihrerseits gerade auf den Malediven sind), ihre Gesten über-, ihre schweigsamen Spaziergänge am Fluß unternehmen und aus dem Fenster den spärlichen Passanten der Nebenstraßen nachsehen.

Grauenvoll? Tödlich? Nun ja, gnädige Frau, der Weg zur Elite ist mit solchen Prüfungen gepflastert, das läßt sich nicht vermeiden. Mehr noch – der Cro-Magnon verzichtet bewußt auf die Annehmlichkeiten des fremden Landes und die bescheidene Exotik der europäischen Provinz. Ihn ertappen Sie eines Nachmittags gegen vier Uhr auf einer Bank an der Stadtmauer von Grosseto, in einer gottverlassenen Eisdiele in Vercelli, im Stadtpark von Voghera. Grandiose oder pittoreske Naturschauspiele haben ihn nicht hierhergezogen, auch nicht berühmte Denkmäler, reich bestückte Museen und ausgefallene Konzerte zwischen romanischen Pfeilern; weder der derzeit berühmteste Koch noch erlesene Weinkeller. Der behaarte Asket führt nichts Verborgenes im Schilde, er muß sich selbst und anderen nichts beweisen. Er steht einfach da im Schatten des Bogengangs und betrachtet die Reiterstatue von Carlo Alberto im altrömischen Gewand auf der Piazza von Casale Monferrato.

Wenn er nach Hause kommt, wird er nicht behaupten, sie sei viel besser als die von Colleoni in Venedig (was nicht stimmt), noch wird er verkünden, Casale Monferrato sei eine überraschender- und erstaunlicherweise hinreißende Stadt (was sehr wohl stimmt). Er wird einfach in hochmütiger

Gelassenheit abwarten, bis sich die Sonne von den vergessenen Schlössern und den verriegelten Kirchen zurückzieht, und mit gemächlichen Schritten in der Hitze, die sich zwischen den Hauswänden staut, zurückkehren in sein dunkles Hotel. Er wird mit niemandem je über seine Ferien reden.

Das liegt Ihnen nicht, gnädige Frau? Und doch fängt es so an, mit einem Höhlenbewohner, der in den Straßen von Casale Monferrato umgeht, zufrieden, eines Abends im August. Er ist die Elite, ganz für sich allein.

Retrovirus in den Uffizien?

Schwindelgefühle, Verwirrungszustand mit Verlust des Identitäts- und des raum-zeitlichen Orientierungssinns, Verfolgungswahn, depressives Verlassenheitsgefühl: Wegen solcher Symptome – so berichten Zeitungen – sind zwischen 1978 und 1986 einhundertsieben Touristen in die psychiatrische Abteilung des Krankenhauses Santa Maria Nuova in Florenz eingeliefert worden. Der Fachausdruck für diese Art Dekompensation ist Stendhalsches Syndrom, nach dem großen Kunstliebhaber und unermüdlichen Betrachter von Meisterwerken, der die mörderischen Folgen seiner Leidenschaft während eines Besuches in Santa Croce zum erstenmal am eigenen Leibe verspürt und in seinem Tagebuch festgehalten hat.

Sofort eilen mitfühlende Gedanken zu den Menschenmengen, die man in der Stadt Dantes landen und dann im Höllenkreis verschluckt werden sieht: Pizza – Botticelli – Chianti – Donatello – Cappuccino – Masaccio – Rigatoni – Angelico – Coca Cola – Brunelleschi ...

Kein Wunder – überlegt man –, daß die Schwächsten dieser unerbittlich von Ölbild zu Fresko, von Gotik zu Renaissance gezerrten und geschubsten Heerscharen mittendrin zusammenbrechen, genau so (schade, daß man die Ähnlichkeit nicht in Terzinen darzustellen vermag) wie einst die Verdammten der Fremdenlegion auf ihrem Marsch zum nächsten Wüstenfort. Das ist doch wohl nicht etwa insgeheim – fragt man sich – eine Art AIDS, ein Retrovirus, der aktiviert wird durch exzessive Promiskuität, durch wahllosen Kontakt zum Beispiel mit Giotto um 9 Uhr 30, Paolo Uccello 10 Uhr 15, Raffael 11 Uhr 20, Luca della Robbia 12 Uhr 05? Gibt es womöglich eine Schwelle, jenseits derer eine Art ästhetisches Immunsystem in die Krise gerät, zum Erliegen kommt und endlich zusammenbricht?

Nun berichten aber die Florentiner Psychiater, daß keines der einhundertsieben Opfer einer Reisegruppe angehörte. Es handelte sich um Männer und Frauen aus verschiedenen europäischen Ländern (aus Italien war niemand dabei), die sämtlich *allein* in Kirchen und Museen unterwegs gewesen waren!

Das ändert natürlich alles. Es zwingt uns, unsere schwärzesten Vorurteile, unsere pessimistischsten Ansichten über Bord zu werfen. Es bedeutet nämlich, daß die Kunst, die Große Kunst, trotz aller Nivellierung und Degradierung, der unsere Gesellschaft sie unterworfen hat, ihre beeindruckende und geheimnisvolle Macht unversehrt bewahrt hat. Wie vor hundert oder zweihundert oder zweitausend Jahren, so kann sich auch heute keine wahrhaft empfindsame und aufnahmebereite Seele einem *tête-à-tête* mit den Werken eines Genies aussetzen, ohne davon zutiefst verstört und erschüttert und wie vom Blitz getroffen zu werden.

Dann also doch lieber Busse, Karawanen, Reise- und Schulgruppen, Touren, bei denen die Führung dafür sorgt, daß kein Besucher den tödlichen Strahlen eines Giotto oder Masaccio oder Fra Angelico länger als sechzig Sekunden ausgesetzt ist. Denn es sind Hochrisiko-Trips, wie bereits Plato vorausgesehen hatte, der heimliche Inspirator dessen, was man von jetzt an – nicht mitleidig, sondern mit hygienischer Hochachtung – die vorbeugende Reisegruppe nennen muß.

Die Denver-Konvention

Ich will aber einen Mann haben, der mich zu erregen versteht.«

»Ach was, Leidenschaft verfliegt, Macht dagegen bleibt ...«

Dies ist nicht etwa ein zwischen den Büschen des Montecitorio aufgeschnapptes Zwiegespräch der Herren Spadolini und Andreotti, sondern ein Wortwechsel zwischen einer kessen jungen Dame im duftig weißen Kleid und einem zynischen Ölmagnaten im Smoking während eines nächtlichen Streits auf dem flachen Land, nicht weit entfernt von einem endlos langen Cadillac.

Endlich ist er auch zu uns gekommen, der *Denver Clan,* jene tausendköpfige Fernsehhydra, die in den kommenden Monaten und Jahren dem anderen Videoengel namens *Dallas* Herzen und Hirne der Zuschauer abspenstig machen wird.

Ein Titanenkampf, eine Monsterschlacht, auf die die Werbung uns schon seit geraumer Zeit einstimmt. Aber selbst wir, die wir für das Wissen darum, wie die Welt, in der wir leben, so ungefähr läuft, bezahlt werden, wir mußten beschämt feststellen, daß wir nicht wirklich vorbereitet sind. Als wir erfuhren, dieser *Denver Clan* sei als gefährlicher Konkurrent für *Dallas* gedacht, dachten wir in aller Naivität, seine Erfinder und Macher hätten einen ganz und gar unerhörten Plot ausgekocht, einen sensationellen Gegenzug, eine Überraschung, die den Gegner komplett aus dem Feld schlägt. So, du kommst mir hier mit dem Krummsäbel? Na, dann streue ich dir schwarzen Pfeffer in die Augen!

Aber nein, die (unserer nicht würdige) Überraschung ist einzig, daß wir feststellen müssen, es gibt keine Überraschung. Die Protagonisten von *Dallas* sind Milliardäre, und Milliardäre sind auch die des *Denver Clans*. Erstere verdanken ihr Vermögen dem Erdöl. Und die anderen? Der Kohle womöglich? Der Elektroindustrie? Dem Bankwesen? Einer Supermarkt- oder Hotelkette? Weit gefehlt, sie sind ebenfalls Ölmagnaten, und Bohrtürme stehen hier wie da. Auch die Städte, der Unterboden der beiden Sagas, sind von derselben Sorte, mittelgroß, aber in Expansion begriffen und mit einem dezenten Geranke aus Wolkenkratzern in der Mitte. Sie fangen mit demselben Buchstaben an, Dallas und Denver, und haben die gleiche Silbenzahl.

An dieser Stelle dämmert selbst dem Unvorbereitetsten, daß einem so dreisten haargenauen Double ein Kalkül zugrunde liegen muß. Die Produzenten und Drehbuchautoren von *Denver Clan* haben keineswegs aus Mangel an Phantasie den von *Dallas* vorgezeichneten Weg eingeschlagen. Es hat sie gar nicht interessiert, etwas Neues, Anderes, Originelles zu machen. Sie hatten den Plan, exakt dasselbe zu machen, exakt das gleiche Produkt zusammenzubasteln; und ihre Kühnheit und Erfindungskraft, ihr – sagen wir ruhig – Genie bestand eben in dem Gespür dafür, daß die Leute mit einer einzigen amerikanischen Ölfamilie die Nase durchaus noch nicht voll hatten.

»Jungs, ich sage euch, da ist noch Platz. *Dallas* hat den Markt mitnichten gesättigt.«

»Aber Chef, schon wieder diese sauber aufgereihten Diener, wieder diese Prozessionen aus Mercedes und Porsche, Rolls Royce und Ferrari, wieder diese knallharten, graumelierten Fünfziger und diese lüsternen hysterischen Frauen ...«

»Das Leben von reichen Leuten ist immer interessant, das ist ein Klassiker. Lest mal die Bibel, ihr Trottel, lest die Odyssee: Da wimmelt es von Dienstboten, Palästen, Juwelen, goldenem Geschirr, Banketten, Swimmingpools, Brautlagern und Lieblingskindern... Was, glaubt ihr, haben die vor Hunger krepierenden Juden wohl abends in der Wüste so gemacht? Die haben sich ums Lagerfeuer gehockt, irgendwelche gegrillten Heuschrecken geknabbert und sich die letzte Folge von *Salomon und die Königin von Saba* reingezogen. Nein, mit reichen Leuten geht man auf Nummer Sicher, da wird das Publikum nie müde, man muß ihm nur mitliefern, daß es den Reichen irgendwie moralisch überlegen ist. Es beneidet sie, aber nur bis zu einem bestimmten Punkt, weil ihr ihm nämlich zeigt, daß reiche Leute meistens unglücklich sind und einen Haufen Probleme haben.«

»Aber das sind doch immer dieselben Probleme, Chef! Wechseln wir wenigstens mal die Branche, packen wir sie in die Stahlindustrie, in die Whiskyproduktion...«

»Nein, Öl ist viel direkter, und außerdem ist es modern, seit 1973 redet kein Mensch mehr von etwas anderem.«

»Schon wieder Ölfässer, mein Gott! Wieder Bohranlagen! Wieder diese schwarzroten Qualmwolken vom Abfackeln!«

»Branchenwechsel sind Luxus für Künstler. Wer, glaubt ihr, seid ihr? William Shakespeare? Und außerdem, was jault ihr herum? Samuel Beckett schreibt seit dreißig Jahren immer wieder dieselbe Komödie, und dem haben sie sogar den Nobelpreis gegeben. Macht es wie er, variiert Details, ein paar *optionals*.«

Also wird der Wohnsitz eine entfernt an Palladio erinnernde Villa aus Ziegeln und Zinnen statt der weißen *Dallas*-Ranch; sie erhebt sich auch nicht aus den kahlen Ebenen von Texas, sondern mitten im alpinen Grün von Colorado. Und selbstverständlich trägt kein Mensch Cowboystiefel und -hüte und Karohemden, und der Luxus hat hier einen gesetzteren, kultivierten Ton; es gibt sogar eine Bibliothek, die etwas hermacht, mit Kamin und Schweinslederrücken, und es ist nicht vollkommen undenkbar, daß eine der Personen sich einmal monatlich wahrhaftig dort einfindet, um ein Buch zu lesen.

Der Rest sind tadellos geölte Drehbücher, Dialoge, Inneneinrichtungen, Schnitt-, Regie- und schauspielerische Leistungen; eine bewunderungswürdige Verflechtung von Klischees und Stereotypen ohne einen einzigen Ausrutscher in Unvorhergesehenes. Ölboß Carrington, ein graumelierter knallharter Witwer, will seine (blonde) Sekretärin ehelichen. Sie feiert Abschied mit ihren Kolleginnen (»Ich werde mich nicht ändern, ich bleibe immer eure Freundin, und ihr kommt mich einmal in der Woche besuchen«), bekommt von IHM zwei Brillantohrringe im Kiwiformat und zaudert dennoch ein letztes Mal (sie hat ihren Stolz sowie Angst vor dem Sprung in den Reichtum und eigentlich den Firmentechniker geliebt, der jetzt im Mittleren Osten arbeitet und seine Frau in eine psychiatrische Klinik gesteckt hat). Aber ER kann sie endlich erobern, indem er ihr drei Dutzend üppiger Blumenkörbe nach Hause schickt (»Der Blumenhändler hatte nichts anderes«, lautet die zuckersüße Entschuldigung) und sie im eigenen Jet zum Abendessen in ein chinesisches Restaurant in San Francisco ausführt. (»Und wenn ich nun lieber französisch gegessen hätte?« – »Dann wären wir eben nach Paris geflogen! Und da hätten wir mitten auf der Straße gespeist!«)

Welche normale Frau könnte derartig verführerischen Investitionen widerstehen? Und tatsächlich tritt die junge Frau schon beim Rückflug den Beweis ihrer Liebe an.

Da sind allerdings zwei Kinder, ein sensibler, musikbesessener und überdies homosexueller junger Mann und eine junge Dame mit allerlei Affären (sogar der Chauffeur gehört dazu!) und einem unruhigen, aggressiven Temperament. Beide haben Probleme mit ihrem Vater, der seinerseits Probleme mit seiner Gattin hat, die wiederum Probleme mit dem Majordomus und so weiter, und das breitet sich endlos aus wie ein Spinnennetz.

Und wer findet so etwas spannend? Na, alle.

Die peinliche Ähnlichkeit mit *Dallas* stört in Wirklichkeit niemanden, im Gegenteil; wir haben uns ja auch daran gewöhnt, zwischen praktisch identischen Waschpulvern, Kleinwagen, Apfelsinen und Keksen wählen zu dürfen, wir genießen es geradezu, völlig unbedeutende, wenn nicht gar imaginäre kleine Unterschiede festzustellen, ernsthafte Diskussionen über Dubletten und Plagiate zu führen, und selbst im politischen Leben entzündet sich unsere Leidenschaft, Partei zu ergreifen, an Männern und Programmen, die alle gleichermaßen nebulös sind, und marschieren unsere Hoffnungen unter dem Banner der Fotokopie. Durch Zellteilung entstand aus der ersten Regierung Spadolini die zweite, identische, ein erhabenes Meisterwerk der Reproduktion.

Wir leben in einer Klon- oder *replay*-Kultur.

Und so verfolgen wir, plutarchisch, die parallelen Leben der Carringtons und Ewings mit ihren gleichen Liebschaften, gleichen Gegensätzen, dem gleichen Geschäftsgebaren, den gleichen Schweinereien, Zärtlichkeiten, der gleichen Psychologie und den gleichen Blumen in der Vase. Aber da es ja um Unternehmen geht, ist es gut möglich, daß sich beide Firmen künftig zu einem kolossalen *joint-venture* zusammenschließen, zu einer Super-Seifenoper, in der beide Familien aufeinandertreffen und sich gegenseitig den Kampf ansagen, sich verschwägern und zu einem Geflecht von astronomischen Ausmaßen vermischen. Vielleicht ist genau so etwas nötig, damit ein Cervantes geboren wird, der die Geschichte unseres seriensüchtigen Wahnsinns aufschreibt.

Bücher auf Rädern

Kürzlich hat bei einer Rundfunkdiskussion über Geschenkbände eine telefonisch dazugeschaltete Hörerin einen Skandal verursacht und Tadel einstecken müssen, weil sie erklärt hatte, sie verschenke keine Bücher, sondern »nur nützliche Dinge, wie zum Beispiel einen Pürierstab«. Nun geben wir ihr zwar nicht vollkommen recht, können ihren Standpunkt aber doch verstehen.

Es ist wirklich wahr, die Geschenkbuchverlage haben viel zur Verbreitung der Meinung beigetragen, ein Buch sei ein Objekt, das man sich hinlegt oder -stellt. Mag dieses Objekt auch im Dekorativen, rein Ornamentalen steckengeblieben sein, weshalb sich sein Marktanteil allmählich verengt hat verglichen mit dem der bildenden Kunst – wo, falls der Rembrandt hoffnungslos unnütz bleibt, ein Joseph Beuys als Schirmständer, ein Robert Morris als Reserverad und ein Calder, richtig in Gang gesetzt, als Ventilator dienen kann –, warum soll man da mit Büchern nicht den gleichen Weg einschlagen?

Lassen Sie sich nicht entmutigen von Borges, der in der *Bibliothek von Babel* gewisse Schwierigkeiten ausmalt, wonach ein Buch »nicht auch eine Leiter sein« könne und folglich erst recht kein Pürierstab. Manchmal kann eine gute Enzyklopädie oder Klassikergesamtausgabe, falls en bloc erworben, sehr gute Leiterdienste tun, vorausgesetzt, man verstaut sie in einem stufenförmigen Möbel. Und auch für Massenwerke zu Billigpreisen läßt sich eine ganze Reihe nützlicher Verwendungen denken.

Wenn man beispielsweise den üblichen plastikbeschichteten Einband durch Filz oder Wildschweinfell ersetzt, erhält man ein Staubtuch- oder Bürstenbuch – diese Methode eignet sich gleichermaßen für kurzatmige belletristische oder Sachliteratur. Ein Asbestüberzug mit eingebautem elektrischen Widerstand sowie Stecker dagegen verhilft einem zum Toaströsterbuch, das man auf dem Nachttisch plazieren und obendrein als Kopfkissen gebrauchen kann: abends Meditation, morgens ein gesundes, nahrhaftes Frühstück. Des weiteren hätten wir Weckerbücher mit eingearbeiteter Quarzuhr, Bücher auf Rädern zum Rollschuhlaufen und Einkaufen, großformatige (und imprägnierte) Bücher für den Surfer und tausend andere Sorten mehr, unter denen der Marketing-Experte nur zu wählen brauchte.

Aber Achtung. Es geht nicht darum, das Buch durch etwas zu ersetzen, das kein Buch ist, auch wenn es von außen so aussehen mag. Es geht vielmehr darum, Objekte, denen, weil sie reine Gebrauchsgegenstände sind, jede intellektuelle Würde abgeht, mit dem Prestige des Geschenkgegenstands auszustatten, das nur Literatur zu verleihen vermag. Dann nämlich werden wir erleben, daß selbst die Hartnäckigsten – wie jene Hörerin – zwar weiterhin Pürierstäbe verschenken, aber, zumindest an Weihnachten, zu solchen Modellen greifen werden, die im Griff die *Canti* von Leopardi haben, wenn nicht gar Hegels Gesamtwerk.

Neandertal ist kein Leseland

Ein merkwürdiger Mangel jener Wochen- und Monatsillustrierten, die ein Herz für die breite Zielgruppe der Edelsnobs haben, sticht einem, wenn man so sagen darf, ins Auge. Zwischen ein paar Artikeln (die alle in ein Endlager auf S. 193 münden) stellen zahlreiche Werbekästen zur Schau, was im Bereich Geschmack, Eleganz und Raffinesse jeweils vom Feinsten ist: hier der historische englische Regenmantel, da die unmögliche Uhr in zwei Dimensionen, die Edeldesign-Lampe, die Edelporzellan-Tasse, der unübertreffliche Koffer, der sinnliche Pelz, der Riesenbrillant, der Riesensaphir, der energische PKW auf dem zarten palladianischen Pflaster, der extralange gereifte Extrabrandy im Mittelalterfaß; und da das exklusive T-Shirt, der Slip, der Katamaran, das Südsee-Eiland.

Nie jedoch in all den Stilleben, die eines holländischen Meisters würdig sind, in diesen an Watteau gemahnenden *tableaux vivants,* absolut niemals dürfen wir ein Buch entdekken. Privilegierte Menschen tun offenbar alles, bloß nicht lesen: Sie hüpfen in himmelblaue Pools, trinken kunterbunte Aperitifs, verführen im Kerzenschein Frauen mit durchsichtigem Teint, aalen sich an Sandstränden, auf Klippen und Matratzen, in Sesseln und Flugzeugsitzen, mähen Rasen, pflügen Heideland, leihen (stets in Begleitung der erwähnten duftigen Wesen) ihr Ohr ausgeklügeltsten Hi-Fi-Anlagen, filmen oben genannte süßlächelnde Weiblichkeit mit Kameras, die nicht mehr Platz wegnehmen als eine Wasserpistole, sie zünden sich mal eine an, rauchen, duschen, rasieren und pflegen sich mit After Shave. Nie jedoch taucht in ihren kräftigen oder feinen Händen oder auch nur in ihrer unmittelbaren Umgebung ein Buch auf, das einfach nur Buch ist.

Ein Freund von uns, Chef eines großen Verlags, hatte das naiverweise für Zufall, für Gedankenlosigkeit gehalten und war auf die Idee gekommen, sich direkt an ein paar der berühmtesten entsprechenden Firmen zu wenden. Man könnte doch, so schlug er vor, irgendein Buch von irgendeinem Verlag in ihre Reklamearrangements einschmuggeln. Lässig auf den Nußbaumtisch geworfen, neben das Renaissance-Feuerzeug oder zwischen eine Champagnerschale, eine Pflanze und eine Brieftasche mit dem Etikett des Designers. Oder es steht auf der Konsole des flackernden Kamins, vor dem die beiden alten Freunde (oder das heimliche Liebespaar) miteinander einen Jahrgangsgrappawodkawhiskybrandy trinken. Oder liegt vergessen im Schnee neben diesen einmaligen Schuhen, die einfach umwerfend sind. Oder auf dem Rücksitz dieses Sportwagens, der schon von 0 auf 100 ist, bevor man auch nur den Titel gelesen hat. Für die Buchindustrie ganz allgemein wäre so etwas wertvolle indirekte Werbung, und auch das Image der anderen Produkte könnte ...

Keiner seiner Gesprächspartner hat ihn ausreden lassen. Bücher, haben sie ihm alle erklärt, und manche haben dabei geseufzt, Bücher sind nicht *in*, sie sind nicht *chic*, nicht verführerisch, befriedigend oder begehrenswert, sie wecken keine unterschwelligen Assoziationen, lassen nicht an Luxus und Wohlstand denken, nicht an die nonchalante »Klasse« und den »Lebensstil«, die heraufzubeschwören man die Absicht hat. Kurz gesagt, Bücher sind keine brauchbaren Komplizen, keine vorzeigbaren Verbündeten für Toilettenwässerchen, Feuerzeuge, Juwelen, Motoren und reine Schurwollen. Der Mann, der auf solchen Werbeseiten (und womöglich im Leben) wirkt, wüßte mit einem Buch gar nichts anzufangen.

Seine Aufmerksamkeit ist auf viel einladendere Bilder gerichtet, sein Kopf wird von sehr anderen Interessen beherrscht, seine stahlblauen Augen schweifen, während er trinkt, reist, raucht oder Golf oder Tennis spielt, unaufhaltsam in die Ferne jenseits von Jahrhunderten und Jahrtausenden, hin zu den weiten unverschmutzten Horizonten des Neandertals.

Becketts Geheimnis

Damals schien Frankreich am Vorabend des Bürgerkriegs, und Paris zählte täglich seine Plastikbombenanschläge, seine Toten und seine Verwundeten. Das Santé-Gefängnis war voll mit algerischen Terroristen und Guerrilleros und französischen Intellektuellen, die mit ihrer Sache sympathisierten, und gegen Abend klangen die Rufe und Gesänge der Gefangenen durch die offenen Fenster in die kleine, sehr aufgeräumte Wohnung von Samuel Beckett.

Aber im Gegensatz zu Kant, der in einer vergleichbaren Lage von seinem Zuhause aus die preußische Bürokratie mobilisierte, um die singenden Bewohner des Königsberger Gefängnisses zum Schweigen zu bringen, schien Beckett sich von derlei Geräuschen weder belästigt noch gestört zu fühlen. Sehr groß und zerbrechlich und adlerhaft war er auch in seiner Mimik und der Art, sich zu bewegen und zu sprechen, ein vollendeter »Fremder«, der unbeirrbare Bewohner einer privaten Zeit, die die unsere eben streift. Niemandem wäre in den Kopf gekommen, ihn um eine Stellungnahme oder eine Unterschrift unter einen Protestaufruf zu bitten oder ihm auf einem öffentlichen Platz ein Mikrophon in die Hand zu drücken; nicht einmal umgekehrt, ihm seine strikte Zurückhaltung als Dichter anzukreiden. Im Gegenteil.

Zu den unzähligen Beschuldigungen, die unser Zeitalter verdient, wird der Vorwurf nicht gehören, den fern jeden Glamours liegenden Zauber von Becketts Stimme ignoriert oder seine diffizile, distanzierte Grandezza verkannt zu haben. Man kann in der Anerkennung und dem weltweiten Respekt, der ihn seit fast einem Vierteljahrhundert (seit *Warten auf Godot* zum ersten Mal auf einer winzigen und heute verschwundenen Pariser Bühne aufgeführt wurde) umgibt, jetzt aus der Distanz vielleicht eine Art Dankbarkeit für jemanden sehen, der den Versuchungen der Tagesaktualität widerstanden hat, jemanden, der sich nie in die Kontingenz hat hineinziehen lassen.

Unsere Zeit verbrennt alles mit erbarmungsloser Geschwindigkeit. Ein französischer Freund, der sich leidenschaftlich und mit einem gewissen Risiko in die Turbulenzen gestürzt hat, die mit der Befreiung Algeriens einhergingen, erzählt uns, gerade zurückgekehrt aus Algier, melancholische Geschichten über diese jetzt so ruhige Stadt. Die jungen und ganz jungen Kinder der Helden und Gefolterten und Bombenleger und Wüstenveteranen haben heute den Kopf voll mit japanischen Motorrädern, original-amerikanischen Jeans, mit der Frage, wie sie am schnellsten nach Paris kommen, und mit sonst gar nichts. Sie stellen fast vierzig Prozent der Bevölkerung, und ihnen etwas über Massu und die Schlacht um Algier zu erzählen, ist, als erzählte man einem jungen Franzosen etwas über Moltke oder die Marne-Schlacht. Die Erinnerungen der »Alten« langweilen sie, die Taten eines noch ganz nahen Gestern sind für sie schon verstaubt und bedeutungslos. Eine wirkliche Tradition von Heroismus, von Bürger- und Nationalstolz hat sich niemals entfaltet und ist somit auf diese Generation auch nicht übergegangen – sagt unser Freund deprimiert –, kein revolutionärer Mythos ist mehr imstande, die Phantasie und die Begeisterungsfähigkeit dieser Erben der Befreiung zu entzünden. Und vor allem erschreckend ist, daß eine so vollständige Klimaveränderung, für die einst Jahrzehnte allmählicher Verschiebungen und Transformationen nötig waren, in ein paar blitzschnellen Jahren zustande gekommen ist.

Wie bitte? In einem Augenblick ist alles schon vergessen?

Ja, ja. Alles ist schon vergessen. In einem Augenblick.

Man kann Beckett als jemanden sehen, den das nicht erschreckt, der sich darüber nicht abhanden kommt, weil er nie aufgehört hat, über eben jenen Augenblick, über das grausame und unausweichliche Vergehen jenes Augenblicks (eines jedweden Augenblicks) zu arbeiten. Durch die Fenster seiner Wohnung hat er weiter auf die graue Mauer der Santé geblickt und weiter mit einem Ohr anderen Liedern und anderen Kämpfern zugehört, ohne sich durch das Kommen und Gehen von Tagesereignissen und Geschichte ablenken zu lassen. Die OAS ist in der Vergessenheit versunken, De Gaulle ist tot, bittere fitzgeraldianische Wolken ziehen sich über den Protagonisten des Pariser Mai zusammen. Und das Dogma von der Diktatur des Proletariats ist beiseite gelegt worden. Alles vergeht.

Ist man also diesen (wer weiß?) im Aussterben begriffenen edlen Tieren noch dankbar, den einsamen Künstlern nämlich, die von ihren Umlaufbahnen um die Erde noch immer hartnäckig unveränderliche und kostbare Zeichen senden? Alles vergeht. Das Leben eines jeden ist nur ein kleineres Rätsel, ein kurzes, aber schmerzhaftes Herumgepfusche. Alles, was wir tun, ist nur ein pathetischer Notbehelf, um die Leere, die Sinnlosigkeit und die letztendliche Vergeblichkeit der Dinge von uns fernzuhalten.

Es muß mitten im Gedränge des arroganten und seichten Aktuellen und gegen die hysterischen Überfälle des Unmittelbaren jemanden geben, der durchhält in den alten Schützengräben der Poesie, in denen sich mit hochmütiger Verläßlichkeit Giacomo Leopardi und Emily Dickinson, Thomas Hardy und Eugenio Montale geschlagen haben.

Das letzte Stück von Beckett trägt den Titel *Damals* und dauert etwa eine halbe Stunde. Es gibt nur eine einzige Person, die nie den Mund aufmacht. Auf der vollkommen dunklen Bühne erscheint das Gesicht eines alten Mannes, dessen weiße Haare wie ein Strahlenkranz angeordnet sind und dessen Stimme in drei verschiedenen Tonhöhen von drei unterschiedlichen Punkten A, B und C aus spricht.

Der Alte (das heißt, seine drei Stimmen) erinnert sich an kleine Episoden aus der Vergangenheit, es sind immer die gleichen, sie wiederholen sich, werden reichhaltiger und genauer, verfangen sich ineinander, verschmelzen und verfliegen nach der Technik der Fuge. Diese absolut banalen und absolut einmaligen Bilder (ein in der Kindheit besuchter und im späteren Leben wieder aufgesuchter Garten voller Brennesseln, ein Museum voller alter Schinken, ein Weizenfeld in der Sonne in Begleitung eines Mädchens, eine auf dem Fluß treibende tote Ratte, ein Hügel, von dem die Straßenbahnschienen verschwunden sind), diese Fragmente, die so sehr den Erinnerungen von jedermann ähneln, sind jedoch nur scheinbar nostalgisch. Der Alte stöbert nicht wegen eines drückenden Gedächtnisverlusts, sondern getrieben von dem Willen und dem quälenden Bedürfnis, aus dem Sammelsurium die entscheidende, endgültige Erinnerung herauszufischen, das Mal, bei dem etwas von allerhöchster Wichtigkeit geschehen ist. Aber was? Und welches Mal?

Von A, B und C her ertönt eine brütende, obsessive Litanei, die Brennesseln im Garten tauchen wieder auf, das Weizenfeld, die Schienen, am Himmel fliegt ein Gleitflugzeug vorbei, auf dem Fluß treibt wieder die tote Ratte – oder ein toter Vogel? –, und der alte Mann wird, wie ein Astronaut, der den Strudel der Gestirne um sich herum schneller werden sieht, erfaßt von einem Gefühl des Schwindels und der Unbestimmtheit.

Es hat (das weiß er, das wiederholt er) einmal etwas Flüchtiges, Schicksalhaftes gegeben, einen mysteriösen Wendepunkt, den man nur erkennen müßte, um alles zu verstehen. Aber wann war das? Dieses Mal oder jenes andere oder jenes wieder andere?

A, B und C sprechen in einem allmählich immer drängenderen Rhythmus, sie hasten auf die inzwischen unvermeidliche Entdeckung zu: Der alte Mann ist tot, und jenes allerhöchste eine Mal, nach dem er verzweifelt gesucht hat, ist der Augenblick, in dem das Schweißtuch sich endlich über ihn senkt, die Leere endlich die Übermacht gewinnt.

Mit der formalen Meisterschaft und Genialität dieses Monologs (der die zahllosen und nicht immer üblen Nachahmer Becketts auf ihren Platz verweist) muß man sich kaum länger aufhalten. Und was den Protagonisten betrifft, er ist auf den ersten Blick der gewohnte gebrechliche alte Zottel, Becketts bekanntester und erkennbarster Beitrag zum Inventar der Theaterliteratur.

Dieser geifernde, abstoßende Alte hier aber, eingewickelt in seinen Wintermantel, modernd und faulend und vollgesogen mit Vergangenem, scheint mit einem neuen Akzent zu sprechen. Seine Angst ist weniger komisch, sein verworrener Zustand weniger grotesk, seine *tour de force* durch das Gedächtnis klingt schneidender und dringlicher. Die ironischen Spiralen haben sich zum großen Teil geschlossen, statt dessen bemächtigt sich eine außerordentliche poetische Spannung dieser mittlerweile klassischen »Maske«; so als hätte sich Beckett, nachdem er sie erahnt, modelliert und im Laufe vieler Jahre vervollkommnet hat, seiner eigenen Fiktion angenähert, als wäre er so dicht an sie herangekommen, daß er mit ihr zur Deckung kommt und sie annimmt als Instrument des Bekenntnisses, als Vehikel seines Abschiedspoems.

In London werden seit einigen Wochen sämtliche Beckett-Stücke wiederaufgeführt. Es ist eine Art Riesenjubiläum, an dem verschiedene Theater gleichzeitig beteiligt sind und das am Abend des 20. Mai im Royal Court Theatre seinen Höhepunkt erleben soll. Die Polizei wird die Täschchen der

Damen durchsuchen und die Herren durch den Metalldetektor gehen lassen (denn andere Terroristen sind unterwegs, Iren wie der Autor), und dann werden alle Platz nehmen und der Welturaufführung von *Damals* beiwohnen, das eigens für diesen Anlaß geschrieben worden ist.

Und Samuel Beckett ist siebzig Jahre alt geworden.*

* Wir schrieben das im Jahre 1976. Inzwischen ist Beckett tot und hinterläßt uns, Siegel seiner Existenz, ein schmales Werk körperloszarter Seiten (*Sobresaults,* Edition des Minuits, Paris), die für immer zum Höchsten der Weltliteratur zählen werden. (Anm. d. Autoren)

Ritterlose Damen

Demjenigen, der das Interesse an dem, was einstmals »die schönen Wissenschaften« hieß, noch nicht verloren hat, möchten wir fünf Erzählungen von Ingeborg Bachmann ans Herz legen, die unter dem Titel *Tre sentieri per il lago* jüngst bei der Edizione Adelphi erschienen sind. Diese fünf Porträts stehen durch beinah nicht wahrnehmbare Koinzidenzen miteinander in Verbindung: Da taucht die Protagonistin einer Geschichte in einer anderen als Nebenfigur wieder auf, hier enthüllt uns ein Gespräch beiläufig, daß eine Frau, deren Ringen um eine unglückliche Liebe wir miterlebt haben, glücklich verheiratet ist, da ziehen ein Name, ein Stückchen Klatsch, eine Bosheit Spiralen über einen Unterboden aus gesellschaftlicher Vernetzung und Beziehungen, Erinnerungen, Begegnungen, Verstrickungen von Wiener Schicksalen.

Genau so bewegt sich jeder von uns unter den anderen, mit halboffenen Augen, zwischen Vergeßlichkeiten und Gedächtnislücken, zufälligem Wieder-Neugierigwerden, Taktlosigkeiten, grausamen oder oberflächlichen Urteilen und jenem beständigen informativen Gemurmel, jener Brandung aus du weißt ja, daß die sich scheiden lassen, daß er vor zwei Jahren gestorben ist, daß sie ihn dann doch nicht geheiratet hat, daß er nach Rom gezogen ist, daß sie nach dem zweiten Kind alles hingeschmissen hat, mit einem Journalisten lebt ...

Man könnte so etwas Roman-Rohlinge nennen, und wir alle sind deren Produzenten und Konsumenten gleichzeitig. Von einer gewissen Distanz aus bekommen wir alle die

Würde von Romanfiguren; aber wir müssen uns mit der Idee abfinden, daß ein Urlaubsflirt und ein Leberkrebs, ein abenteuer- oder tragödienreiches Leben und ein absolut flaches Dasein im Blickfeld derer, die um uns herum sind, in letzter Instanz denselben geringen Raum am Rande einnehmen und daß es für die Mitteilung: »Sie lebt jetzt auf den Antillen und sucht nach den Schätzen spanischer Galionen«, einer etwa gleich großen Menge Wörter bedarf wie für die Mitteilung: »Er hat die Aufnahmeprüfung bestanden und arbeitet jetzt bei der INPS in Savona.«

Die Bachmann setzt dieses Gefühl des Flüchtigen, Nebensächlichen meisterlich ein, sie spielt auf der Klaviatur der ausgefransten Ränder und des Nebulösen, ja, sie macht sie in der Erzählung *Die glücklichen Augen* sogar explizit zum Thema. Miranda, eine bezaubernde Wienerin hält sich die Welt buchstäblich fern aus ihrer defekten Sicht. Nichts kann diese kurzsichtige Frau, die ständig ihre Brille »vergißt« oder »verliert«, mehr kränken oder traurig machen. Miranda ist glücklich, denn die Wirklichkeit kommt nur noch durch einen Filter aus Unschärfe an sie heran, sie sieht die Scheußlichkeit der Plätze, Straßen, Restaurants und Schilder, die Dummheit und Bösartigkeit der Gesichter im Bus oder im Konzert nicht mehr, sie ist frei, sich Schönheit vorzustellen, wo keine ist.

Zwar werden auch die Unannehmlichkeiten nicht ausgespart. Miranda kränkt Bekannte und umarmt Fremde, poltert gegen Türen, Kanten, Laternenpfähle, riskiert Stürze und Zusammenstöße. Aber es lohnt sich, diesen Preis zu zahlen, um sich in eine optische Fremdheit zurückziehen zu dürfen, die soviel Sicherheit bietet und Heiterkeit, Wohlwollen und Optimismus mit sich bringt.

Von all dem begreift Josef, obwohl er in sie verliebt ist, absolut nichts. Er hält sie für ein schutzloses, selbstvergessenes, infantiles und oft lästiges armes Ding. Er hat sich in den

Kopf gesetzt, sie zu beschützen und für ihre Besserung zu sorgen. Er erzählt ihr mit typisch männlichem Pragmatismus von Brillen, Linsen und Terminen bei Spezialisten. Er merkt gar nicht, daß Miranda ihn in seinem eigenen Interesse auf eine andere Frau umlenkt, er bleibt bis zur letzten Szene bei den Salzburger Festspielen die klassische Figur des willigen, liebenswerten, aber unheilbar stumpfsinnigen Manipulationsobjekts.

Das gleiche Schema wiederholt sich in den anderen Erzählungen. Auf der einen Seite gibt es eine einfältige oder schlaue, ältere oder blutjunge Frau, die von unsichtbaren Kordons umgeben ist; auf der anderen einen Mann, einen Ehemann, Liebhaber, Vater, Sohn, Bruder, der wie ein trampeliger, ungeschlachter Tourist um sie kreist.

Absichtliche Polemik fehlt völlig in den Texten der Bachmann, die eine von der nachhabsburgischen Zeit und von Joseph Roth inspirierte Schriftstellerin ist und höchst bedacht, die Qualen, die winzigsten Resonanzen, die heimlichen Ironien und Beschädigungen des Lebens zu erfassen; um so mitleidloser sind deshalb ihre Männer-»Skizzen«. Der alte Schrei von Frauen: »Du verstehst mich nicht!« ertönt nicht mehr in diesen Stücken. Hier wird Männern nichts vorgeworfen, nichts von ihnen gefordert. Sie sind immer anwesend und immer fern wie eine Spezies von *aliens,* die keine Eroberer und keine Herrscher mehr sein können, sondern nur noch Sperrgut; gelegentlich niederträchtig, großzügig, egoistisch oder sogar intelligent, aber in jedem Fall inferior.

Es wäre ein Leichtes, nachzuweisen, daß die Heldinnen der Bachmann Grenzfälle sind, neurotische, verkrachte, unbefriedigte chronische Nervensägen, in Resignation, Alter und Einsamkeit verfallene verlorene Seelen. Mit minutiöser Präzision werden uns außerdem ihre Wohnungen in Wien oder Paris, ihre Vorlieben, ihre Kleider, ihre Begierden und Geziertheiten, ihre Launen und Ängste, ihre Arbeit, ihre Vergangenheit beschreiben. Man kann sich ohne Einbußen beim Lesen auf diesen eleganten und glänzenden narrativen Schmelz konzentrieren, der heute praktisch nicht mehr zu finden ist.

Ein Text wie *Probleme, Probleme* zum Beispiel hat den unmittelbaren *appeal* eines Bravourstückchens. Beatrix, eine junge Frau aus dem Kleinbürgertum, weidet sich am Laster oder mehr noch, wie sie selbst erkennt, an der Perversion des Schlafens; Schlafen ist für sie der Gipfel der wollüstigen Genüsse. Wir sehen sie aufwachen, beobachten, wie ihr träger Geist Fetzen aus Gedanken, Reizen, Gelüsten, Erinnerungen und Plänen zusammenklaubt, und nach und nach erkennen wir, wie sich die schlaffen Windungen ihres Wesens formieren und zu dem Plan durchringen, zum Friseur zu gehen. Dieser Besuch bei »René« an einem verregneten und also unheilvollen Tag wird ganz allmählich durch immer entsetzlichere Frustrationen immer hitziger. Die Wartezeit dauert zu lange, die Friseurgehilfin ist neu und hat keine Ahnung, der Herr Karl mit seinen vertrauten Händen taucht nicht im richtigen Augenblick auf, die Haube wird zu heiß, der Nagellack ist verkehrt, das Make-up eine Katastrophe und so weiter, bis Beatrix schließlich verstört und schluchzend den Ort der Handlung verläßt, mit entgleisten Gesichtszügen und Haaren, die außer sich und tragisch verwurschtelt sind.

Wenn man so will, ist das ein Sittengemälde von einer verzogenen, kleinkarierten, müßiggehenden Schmarotzerin. Aber Beatrix ist gleichzeitig alle zum Friseur gehenden Frauen, alle Frauen, die nur auf sich selbst zählen können, alle Frauen von heute.

In diesem Buch sind sie noch Königstöchter in der Welt der Ritter und der Welt der Fabeln, die aus ihr hervorgegangen ist, Gefangene heimtückischer und stets flüchtiger Zauberer, feuerspeiender und fangarmbewehrter Drachen und so machtvoller Zauberformeln und Zauberstücke, wie man sie nie zuvor erlebt hatte. Sie schmachten zwar weiter einsam hinter undurchdringlichen Mauern, Schranken, Wäldern, Labyrinthen, aber sie haben verstanden, daß ihre traditionelle Unerreichbarkeit endgültig ist. Der Freier wird sie nicht befreien, der Retter wird die Probe nicht bestehen, der schöne Ritter wird unter ihrem Fenster vorbeireiten und sich erkundigen, ob das Schloß des Menschenfressers Zimmer mit Bad hat, der blonde Fischer wird ihnen, statt auf den Meeresgrund zu tauchen und den Ring zu suchen, einen Sonnenschirm und einen lauwarmen Drink anbieten. Nicht aus Gemeinheit oder Unfähigkeit, sondern aus schierer Gedankenlosigkeit.

Ingeborg Bachmann hat lange in Italien gelebt. Viele unserer Freunde gehörten zu ihrem engeren Bekanntenkreis, und daß wir sie nicht kennengelernt haben, ist ein Zufall, entweder war sie gerade weggefahren, oder sie kam erst am nächsten Tag zurück oder fühlte sich nicht gut oder wohnte doch bei jemand anderem. Man hat uns erzählt, daß sie eine unglückliche, verletzliche, hochmütige und schroffe Frau war, eine Gefangene bösartiger und unfaßbarer Phantasmen. Sie war sehr kurzsichtig. Sie starb 1973 in ihrer Wohnung in Rom. Sie schlief mit einer brennenden Zigarette zwischen den Fingern ein, und ihr Nylonnachthemd fing Feuer. Sie hatte keinen Ritter bei sich, der die Flammen hätte löschen können.

Das Neue nach Schopenhauer

Zweierlei vor allem wird für uns stets verbunden sein mit dem Zauber des Quai des Orfèvres. Zum einen, auf der Seite, wo der Justizpalast steht, das Kriminalkommissariat, aus dessen Fenstern noch die nächsten Jahrhunderte lang der Kommissar Maigret mit der Pfeife im Mund auf die Seine und den Verkehr auf dem Pont Saint-Michel hinunterstarren wird. Zum anderen, Richtung Pont Neuf, hinter einem schmalen Türchen und einem noch schmaleren Schaufenster des Hauses Nr. 68, der höhlenartige, labyrinthische, dürftig beleuchtete kleine Laden von Martin Flinker: die älteste deutsche Buchhandlung in Paris.

Flinker selbst, der ihn in den zwanziger Jahren aufgemacht hat und mit den größten deutschsprachigen Schriftstellern seiner Zeit befreundet war, ist heute nicht mehr da. Sein Laden wird leider auch jetzt modernisiert, und wer weiß, ob dabei nicht die antiquarische Abteilung aufgelöst wird. Aber wir sehen den leicht gebeugten und trotzdem flinken, zierlichen alten Mann in seinem tadellosen dunklen Anzug mit der Rosette der *Légion d'honneur* im Knopfloch noch immer durch die Gänge seiner Grotte schlurfen und auf wackligen Leitern herumklettern, und fast jedesmal fand er am Ende doch noch das gewünschte seltene Buch.

Uns beide – *latin lovers* von Effi Briest und Madame Chauchat, (des anderen Mann) Lola, (Schnitzlers) Therese und der (Keyserlingschen) couragierten Soldatenkersta, aber auch von Boule de Suif und Emma Bovary – hat Herr Flinker immer gern gesehen. Einmal aber geriet er regelrecht in Verzückung, als wir fragten, ob er zufällig irgend etwas von Alexander Lernet-Holenia da habe. Wir kannten zwar den wunderhübschen Roman *Ich war Jack Mortimer* dieses einzigartigen und später auch in Italien entdeckten österreichischen Erzählers schon, den hatten wir an einem Bahnhofskiosk erstanden. Aber mehr von ihm hatten wir nie auftreiben können. In Frankfurter und Münchner Buchhandlungen kannte man nicht einmal mehr seinen Namen.

»Lernet-Holenia! ... Gott sei Dank gibt's noch jemanden, der sich an ihn erinnert!« rief er glücklich. Und sofort kletterte er auf eine seiner wackligsten Leitern und kam wieder herunter mit vier Büchern, einem Erzählungsband und drei Romanen, die er uns partout schenken wollte.

Ein anderes Mal wollte er uns unbedingt auch *Über die vierfache Wurzel des Satzes vom zureichenden Grunde* (jenes erste Werk von Schopenhauer, anläßlich dessen sich seine Mutter, die Modeschriftstellerin Johanna Schopenhauer, spöttisch erkundigt hatte, ob es »etwas für Apotheker« sei) schenken, das einer von uns aus dem Regal gezogen hatte und gerade durchblätterte, obwohl es sich um einen sehr alten, kostbaren Band der Frauenstädtschen Gesamtausgabe handelte.

Seitdem hatten wir jedesmal, wenn wir bei ihm vorbeigingen, gerade weil unsere »unzeitgemäßen Gesuche« bei ihm stets auf begeisterte Hochachtung trafen, harte Kämpfe mit ihm durchzufechten, um die Bücher, die wir mitnahmen, auch bezahlen zu dürfen. Das ging so weit, daß wir ihn schließlich nach irgendwelchen preisgekrönten reklamebetrommelten Neuerscheinungen fragten, die uns nicht im geringsten reizten, nur um seine Begeisterung etwas abzukühlen.

Daß er uns die zehnbändige »Zürcher Ausgabe« der Werke Schopenhauers – die der Diogenes Verlag Ende der siebziger Jahre in einer Kassette zum Spottpreis und mit einer beigefügten wertvollen Zusammenstellung von Aufsätzen über Schopenhauer und Erinnerungen an ihn herausgebracht hat – allerdings dann schenkte, das war durch ganz und gar nichts zu verhindern.

»Nehmen Sie sie an, mit den besten Empfehlungen des Verlegers oder des Autors«, sagte er. »Und mir«, fügte er mit einem kleinen Augenzwinkern in Richtung Neuerscheinungstisch hinzu, »mir tun Sie einen Gefallen und fragen nie wieder nach dem Zeug da.«

Dann setzte er die Brille auf und las uns, unter entzücktem Händereiben, jene beiden Stellen aus den *Parerga und Paralipomena* vor, die der Verleger als Motto auf die Kassette zu drucken die geniale Idee gehabt hatte:

Weil die Leute, statt des Besten aller Zeiten,
immer nur das Neueste lesen, verschlammt
das Zeitalter immer tiefer in seinem eigenen Dreck.

Das Neue ist selten das Gute:
weil das Gute nur kurze Zeit das Neue ist.

Mehr als zehn Jahre sind vergangen seit damals. Und es ist vielleicht kein Zufall, daß ausgerechnet in diesen Jahren auf dem europäischen Buchmarkt das »Beste aller Zeiten« einen langsam herangereiften und schließlich ausgebrochenen Boom erlebt, die Klassiker also. Vielleicht haben die Leute einfach endlich gemerkt, daß das Neue nicht bloß selten, sondern *immer seltener* gut ist. Und haben die Verleger ihrerseits gemerkt, daß das Gute immer kürzere Zeit neu bleibt, und setzen deshalb inzwischen weniger auf Neuheiten und dafür mehr auf Bleibendes. Was für sie natürlich und zurecht heißt, es muß bleibenden Wert für die Backlist haben; aber eben das macht ja Klassiker zu Klassikern.

Es kommt einem vor, als hätte es der alte Schopenhauer

am Ende doch noch geschafft, die Nachwelt vor dem »verschmitzten und schlimmen, aber erklecklichen Streich« zu warnen, den »Autoren, Verleger und Rezensenten (...), Literaten, Brotschreiber und Vielschreiber« bereits seinen Zeitgenossen gespielt hatten, indem sie sie dazu abgerichtet hatten, »*a tempo* zu lesen, nämlich Alle stets das Selbe, nämlich das Neueste, um einen Stoff zur Konversation daran zu haben.« (*Parerga,* §295)

Nicht ausgeschlossen übrigens, daß das wirklich so ist. Wir selbst haben dafür vor zwei Jahren in Frankfurt einen Beweis erhalten, als wir zur dortigen Buchmesse eingeladen worden waren und eine Rede zur Eröffnung halten sollten.

»Was machen wir jetzt?« hatten wir uns schon einmal in Turin gefragt und fragten wir uns auch hier wieder, während eine liebenswürdige Privatdozentin die einführenden Worte für das Publikum sprach. »Reden wir über Xerxes oder nicht?«

Es kam uns wirklich ziemlich gewagt vor, ausgerechnet in Frankfurt Schopenhauers Lehrstück über Xerxes und die Buchmesse aus der Tasche zu ziehen, obwohl die Buchmesse zu seiner Zeit noch in Leipzig und nicht in Frankfurt abgehalten wurde.

Wir entschieden uns erst im letzten Moment. Und fingen, nachdem wir uns dafür entschuldigt hatten, gleich die Spielverderber sein zu müssen, und uns auf die Informationspflicht berufen hatten, genau mit diesem vergessenen bitterbösen Lehrstück an:

»Xerxes«, so zitierten wir tapfer und wörtlich, »hat, nach Herodot, beim Anblick seines unübersehbaren Heeres geweint, indem er bedachte, daß von diesen Allen, nach hundert Jahren, keiner am Leben sein würde. Wer möchte da nicht weinen, beim Anblick des dicken Meßkatalogs, wenn er bedenkt, daß von allen diesen Büchern, schon nach zehn Jahren, keines mehr am Leben sein wird?«

Es folgte ein so langer Augenblick der Stille, daß wir schon glaubten, es wäre am besten, wenn wir uns verabschieden und gehen würden. Aber dann brach im ganzen Saal einschließlich der hauptsächlich von Verlegern und Buchhändlern besetzten ersten Reihen der herzlichste, freudigste und donnerndste Beifall los, den wir je gehört hatten.

Und exakt im selben Augenblick fingen – dank einer übernatürlichen Fügung – die Glocken des nahen Frankfurter Doms an, feierlich zu läuten, woraufhin die Begeisterung und die Freude aller Anwesenden ihren Höhepunkt erreichte. Das Gelächter und Händeklatschen nahm kein Ende. Es war, als hätte sich die Eröffnung der Messe völlig überraschend verwandelt in ein großes Fest der Befreiung von den Sklavenfesseln des Neuen und Allerneuesten.

Wir, die wir dort oben als Akteure am Ende unseres Auftritts den Applaus entgegennehmen durften, hätten uns gewünscht, daß auch der Autor an die Rampe treten und ihn mit uns teilen könnte. Aber selbst das Übernatürliche hat seine Grenzen. Weshalb wir uns damit zufriedengeben wollen, dem lieben Schopenhauer an dieser Stelle zu applaudieren und zu danken (ohne unseren teuren Herrn Flinker dabei zu vergessen).

Inhalt

ISBN 3-492-03569-8

Gesetzt aus der Bembo-Antiqua
Gesamtherstellung: Kösel, Kempten
Printed in Germany